AF313119

CATALOGUE

D'UNE

COLLECTION DE MÉDAILLES

ITALIENNES, FRANÇAISES ET ALLEMANDES

DES XIIe, XVe ET XVIe SIÈCLES

ET QUELQUES

OBJETS DE CURIOSITÉ

ET D'ANTIQUITÉ

COMPOSANT LE CABINET DE M. S***

DONT LA VENTE AUX ENCHÈRES PUBLIQUES AURA LIEU

HOTEL DES COMMISSAIRES-PRISEURS, RUE DROUOT, 5

SALLE N° 6

Les Vendredi 8 et Samedi 9 Mars 1861

A UNE HEURE

Par le ministère de Me **CHARLES PILLET**, Commissaire-Priseur,
11, rue de Choiseul,

Assisté, pour les Médailles, de M. **ROLLIN**, expert, 12, rue Vivienne,

Et pour les Curiosités, de M. **ROUSSEL**, expert, 16, rue Moncey.

EXPOSITION PUBLIQUE

Le Jeudi 7 Mars 1861, de midi à cinq heures.

PARIS. IMPRIMERIE PILLET FILS AINÉ

RUE DES GRANDS-AUGUSTINS, 5.

—

1861

CONDITIONS DE LA VENTE.

Elle sera faite au comptant.

Les adjudicataires payeront *cinq pour cent* en sus des enchères, applicables aux frais.

PREMIÈRE VACATION

DÉSIGNATION

DES

MÉDAILLES

1 — Johanes Franciscus de Gonzaga, Capit. maxi. Armige-
rorum. primus. marchio. Mantus.
    Buste à g.
    ℞. Deux cavaliers dont un vu de dos.
    Opus Pisani Pictoris. 95 m.
    Bonne épreuve.

2 — *La même.* Moins belle.

3 — Jo. Gozadinus, archidiac. Bononiens. d. n. orator. floren.
    Buste à g.
    ℞. Aigle sur un arbre.
    Requies mea. 75 m.

4 — Andreas Bentivolus. Bonon. comes ac. libertatis
patriæs plendor.
    Buste à g.
    ℞. Licorne regardant le soleil.
    Integritatis thesaurum opus sperandei. 90 m.
    Bonne épreuve.

5 — Sigismondus Pandulfus de Malatestis, S. Ro. Eclesie
    Capitaneus. G.
        Buste à g.
        R'. Château de Rimini.
        Castellum Sismondum. Ariminiense. M.CCCC.XLVI,
    83 m.
        Belle épreuve.

6 — *La même.* Bonne épreuve.

7 — *La même.* Moins belle.

8 — *La même.*
        R'. Femme assise sur un éléphant.
        Bonne épreuve.

9 — D. Isottæ Ariminiensi.
        Buste à d.
        R'. Un éléphant.
        MCCCCXLVI. 82 m.
        Très-belle épreuve.

10 — *La même.* Avec le voile.

11 — Thomas Campegius, electus Feltr. ad. Ven. cle. pon.
    ma. leg.
        Buste à g.
        R'. Dragon se mordant la queue.
        Æternita, MDXXV. 75 m.
        Bonne épreuve.

12 — ANGELUS DE AMATIS.
    Buste à g.
    ℞. Armoirie dans une couronne. 80 m.
        Bonne épreuve.

13 — MARSILIUS maior de Car. II, pat. D. Ann. MCCCXXIIII.
    Buste à g.
    ℞. Blason.
    Obiit ann. MCCCXXXVIII *Die* XXI *martii.* 70 m.

14 — MARSILIETUS papafava de Car. IIII. pat. D. ann. MCCCXLV.
    Buste de trois quarts à d.
    ℞. Blason.
    Interfect. ann. MCCCXLV *Die* VI *maii.* 70 m.

15 — UBERTINUS DE CHARRARIA, tercius D. Paduæ.
    Buste à g.
    ℞. Blason.
    Obiit ann. MCCCXLV *Die* XXVIIII *martii.* 70 m.

16 — FRANCISCUS, senior de Carraria d. Pad.
    Buste à d.
    ℞. Blason ; dans le champ quatre H.
    Qui sum. civi. beni. rexit. an. XXXVII. M. VIIII
D. V. 73 m.

17 — MARSILIETUS papafava de Carraria. Paduæ. Dominus.
    Buste à d.
    ℞. Armoirie.
    Obiit anno MCCCXXXXV *Die* XXVIIII *apprillis.* 80 m.

18 — Jacobinus de Carr. VI Patavii do. anno mcccl.
    Buste à d.
    R'. Blason.
    Obiit ann. mccclvii. 70 m.

19 — Nicolaus de Carraria II, territorii. Pat. D. ann.
    mcccxxiiii.
    Buste à g.
    R'. Blason.
    Obiit anno Do. mcccxxvi. 70 m.

20 — Cæsar, imperator pont. PPP. C. semper Augustus **vir.**
    Buste à d.
    R'. Concordia augg. S. C.
    Signé *Christophorus Hierimiæ.* 73 m.
        Bonne épreuve.

21 — Alfonsus, rex regibus imperans et bellorum victor.
    Buste cuirassé à d.
    R'. Mars et Bellone couronnant le roi.
    Mars et Bellona coronant victorem regni.
    Signée *Christophorus Hierimiæ.* 73 m.

22 — Nic. Ur. S. Pet. et Nol. Comes sante. Rom. eccle. ar-
    mor. cap.
        Buste à g.
        R'. Le même à cheval, accompagné d'hommes
    d'armes.
        Nic. Ur. S. Petiliani et Nolæ. Comes reip. flor.
    cap. 42 m.

23 — ANDREAS CARRAFA. S. Severinæ comes.
Buste casqué à g.
℞. Femme assise tenant d'une main un serpent et
de l'autre un masque à deux têtes.
Nil. Abert. 32 m.
Belle pièce.

24 — WILHELMUS SCHEVEZ. Sci Adree. archieps.
Buste à g.
℞. Écusson.
Legatus natus et totius regni scotie primas. 77 m.
Très-belle épreuve.

25 — Plaquette carrée, dite enseigne de chapeau.
Buste à g. Dans le champ les lettres A. F.
Remarquable spécimen de ciselure du quinzième
siècle.

26 — Autre de même espèce.
Buste à d.
Très-belle épreuve.

27 — FELICE LUDOVICO, regnate duodecimo. Cesare altero
gaudet omnis nacio.
Buste à d. Dans le champ, semis de fleurs de lis.
Au-dessous, un lion.
℞. *Lugdun. republica gaudete bis anna regnante
benigne sic. fui. conflata.* 1499.
Buste à g. Dans le champ, fleurs de lis; au-des-
sous, un lion. 115 m.
Très-belle épreuve dorée.

28 — Coradus Gonzaga Aloisii fil.
Buste à d.
℞. lisse. 80 m.

29 — Laurent de Médicis.
Buste à g.
℞. Couronne.
Laurentius Medices Urbini ec dux. 82 m.

30 — Antonius pius Augustus.
Buste jeune de Caracalla à g.
℞. Un jeune homme et un Amour appuyé sur une
tête de mort. 90 m.
Médaille de Boldu.
Bonne épreuve.

31 — Philibertus dux Sabaudie VIII, margua maxi cae.
aug. fi. d. sa.
Buste de Philibert en regard celui de sa femme;
dans le champ un semis de nœuds et de marguerites.
℞. Armoirie, dans le champ nœuds et marguerites,
et le mot *fert.*
*Gloria in altissimis Deo et in terra pax hominibus
burgus.* 103 m.
Très-belle épreuve.

32 — Ferdinandus I, magn. dux Etrur. III.
Buste cuirassé à d. Au-dessous, le monogramme
G. M. 92 m.
Sans revers.
Très-belle épreuve.

33 — *La même*. Moins belle.

34 — Francis Medices, Floren. et Senar. princeps.
Buste cuirssé à d.
℞. *Ioanna princ. Floren et Senar, archiduc Austriæ.*
Gelineatur.
Très-belle épreuve.

35 — Cosmus Med. Floren et Senar, dux II. 1561.
Buste à d. 42 m.
℞. figure debout.
Hetruria Pacata. 40 m.
Belle épreuve.

36 — *La même*. Moins belle.

37 — Cosmus II, mag. dux Etruriæ IIII.
Buste à d. G. D. f. 1611.
℞. lisse. 92 m.

38 — Io. Fran. tri. mar. vig. Co. muso. ac val. ren. et
stosa. D. act. 39.
Buste à d.
℞. Amphitrite sur un dauphin, entourée de tri-
tons.
Fui, sum et ero. 58 m.
Belle épreuve.

39 — *La même*. Moins belle.

40 — FERD. LOFFREDUS, march. Trivici.
Buste à g.
℞. Trois figures debout.
Divi q. caro cœs. veritas.

41 — HIPPOLYTUS ESTEUS. R. E. præsb. card. Ferrar.
Buste à gauche.
Au dessous, *Fed. Parm.*
℞. Même buste et même légende en creux. 45 m.
Belle épreuve.

42 — ANDREAS DORIA.
Buste à d.
℞. Buste de l'artiste entouré de chaines. **42** m.

43 — HIPPOLYTA GONZAGA FERDINANDI fil. an. XVII.
Buste à g.
℞. Femme dans un char traîné par Pégase. 70 m.
Virtutis formœ que prœvia.
Belle épreuve.

44 — ISABELLA. RAM. D. Est. MDLVI.
Buste à d.. avec le monog. P.
℞. Lisse.
Bonne épreuve dorée. 61 m.

45 — VICTORIA COLUMNA.
Buste à g.
℞. Le Phénix dans une couronne. **42** m.

46 — Buste de femme à droite.
   Sous le bras, on lit le nom d'Ascagno.
   Ce médaillon, doré, sans revers ni inscription, est
une œuvre de ciselure.
   Grande finesse d'exécution.

47 — FELIX SORTE TUA.
   Buste jeune à d.
   R̥. Lisse. 57 m.

48 — Buste de femme à droite.
   R̥. Lisse.
      Pièce d'un très-beau style.

49 — HIERONIMA SACRATA MDLV.
   Buste à d.
   Revers creux. 70 m.

50 — EFFIGIES DOMINI IOACHIMI., Marchionis Brandenburgen.
   Prin. electoris. etat. XXXXVI anno. sal. MDXXX.
   Buste à g.
   Dans le champ la lettre H.
   R̥. *Sceptriger imperü. Ioachimus. Marchio prin*
ceps Brandenburgen. emicat histe modis. 70 m.
      Belle épreuve.

51 — MATHEUS SCHWARTZ AUGUSTANUS. vinde etatis anno XXX.
   Buste à g.
   Dans le champ, MDXXVII; monog., H.
   R̥. Armoiries.
   Fiat voluntas tua. 67 m.
      Bonne épreuve.

52 — MDLXXV. AMBROSIUS. Quez in se in altr. XVII.
 Buste à g.
 Ŗ. Lisse. 45 m.
  Très-belle épreuve.

53 — CHRISTIANA, princ. Loth. Mag. dux Hetruri.
 Buste à d.
 Ŗ. Lisse. Dupré. 91 m.

54 — MAR. MAGDALENÆ, arch. Austr. mag. d. Etr.
 Buste à g.
 Ŗ. Lisse. Dupré, 1611. 95 m.
  Belle épreuve.

55 — *La même.* moins belle.

56 — MARIA AUGUSTA Galliæ et Navaræ regina. **Dupré, 1624.**
 Buste à d.
 Revers en creux. 103 m.
  Belle épreuve.

57 — MARIA AUG. Gall. et Navar., regin. G. Dupré f.
 Buste à d.
 Ŗ. Sujet allégorique.
 Læta Deum Partu. 52 m.

58 — MARIA AUG. Galliæ et Navaræ regina.
 Buste à d.
 Ŗ. Galère. Dupré. 62 m.
 Servando Dea facta Deos.
  Belle épreuve.

Bordereau d'Adjudication

Vente *Broussel* Rue

Doit M, *Chaboruille*

Rue à la Bibliothèque —

A Mᵉ CHARLES PILLET, Commissaire-Priseur, à Paris, successeur de **M. BONNEFONS DE LAVIALLE**
Rue de Choiseul, 11.

Numéros du catalogue	Articles du procès verbal.		F.	C.	F.	C.
		Le 8 Mars 1861				
50	92	Marguerite de Dorille		5	36	
					1	80
					37	80
		A reporter				

Numéros du catalogue	Articles du procès verbal.		F.	C.	F.	C.
		D'autre part......				

59 — *La même*, moins belle.

60 — Marguerite Bellet.
    Buste à d.
    Sans revers.
    Varin. 95 m.
        Belle épreuve.

61 — Ludovic. XIII. D. G. Francor. et Narvaræ rex.
    Buste à d.
    ℞. La Justice assise. Dupré, 1626. 60 m.
    Ut gentes tollatque prematque.
        Bonne épreuve.

62 — Ludovic. XIII. D. G. Francor. et **Navaræ rex**. G. Dupré.
    Buste à d.
    ℞. *Anna Augus. Galliæ et Navaræ reg.* G. Dupré, f.
    1630.
    Buste à d. 60 m.
        Magnifique épreuve.

63 — Ludovicus XIV, D. G. Fr. et Nav. rex.
    Buste jeune lauré à d.
    ℞. *Anna. D. G. Fr. et Nav. reg.*
    Buste à d. Warin, 1643. 55 m.
        Bonne épreuve.

64 — Clemens IX. pont. max. an. iii.
    Buste à d.
    ℞. Le Tibre couché ; dans le fond, le pont Saint-
    Ange ; au-dessus, la Renommée.
    Aelio ponte exornato. 93 m.

65 — Clemens XI, pont. max. an. vii.
Buste à d.
Au-dessous, les lettres D. V.
Revers en creux. 1707. 132 m.

66 — Innoc. XI, pont. Leop. I, imp. Ioa. III, rex Pom. A.
ius. ve. dux.
4 tètes accolées à d.
℞. Lisse. 85 m.
Bonne épreuve dorée.

67 — Innocentius XI, P. O. m.
Buste à g.
Sans revers.
Médaillon mi-partie bronze et or. 170 m.

68 — Michael Angelus Bonarotus.
Buste à d. A. S.
℞. Allégorie.
Labor omnia vincit. 85 m.

69 — Une médaillette à bélière en argent, représentant d'un
côté Adam et Ève dans le Paradis terrestre, et de
l'autre le Crucifiement. 67 m.
Joli exemplaire.

70 — Isabelle de Capva,
Julie Barotyria de Baiardi.
2 pièces.

71 — Galiléus Galilée.
Henri II, Francor rex,
Jean-Baptiste Gazadicus.
3 pièces.

72 — Nerius Caponus
Sigismundus Malatesta. Petit module.
2 pièces.

73 — Marie-Madeleine d'Autriche,
Éléonore d'Autriche.
2 pièces frappées.

74 — Baccio Bandinelli,
Pietrus Aretinus,
Andreas Doria.

75 — L. Aquilezicurium,
Jules, évêque d'Ostie,
Petrus Barbus,
Et une autre médaille.
4 pièces.

76 — Onze plombs anciens, d'après diverses médailles italiennes et allemandes du seizième siècle, d'une très-belle conservation.
Ce lot sera divisé.

77 — 22 Médailles de divers modules et de divers auteurs, anciennes et surmoulées.
Ce lot sera divisé.

78 — 49 pièces, médaillons à bélières, représentant la suite
de la famille des Médicis, exécutées au dix-septième
siècle. Les types des personnages anciens ont été
reproduits.
Ce numéro sera divisé.

79 — 15 plaques en bas-relief, sujets religieux et profanes des
quinzième, seizième et dix-septième siècles.
Ce numéro sera divisé.

DEUXIÈME VACATION

DÉSIGNATION

DES

OBJETS DE CURIOSITÉ

ET D'ANTIQUITÉ

1 — Hercule debout tenant les pommes des Hespérides. Bronze antique dont la patine a été détruite. Socle en jaune de Sienne.

2 — Divinité égyptienne en forme de momie, couverte de caractères hiéroglyphiques en terre émaillée. Sur fût de colonne en albâtre oriental.

3 — Plusieurs autres divinités du même genre. Ce lot sera divisé.

4 — Six petits vases grecs en terre noire, de formes variées. Ce lot sera divisé.

5 — Lampe antique en terre cuite, avec sujet érotique.

6 — Deux autres lampes antiques en terre cuite.

7 — Fragment de mosaïque antique, tête de lion.

8 — Deux têtes en terre cuite, antiques, tête de satyre et tête de femme.

9 — Scarabée égyptien à tête humaine en serpentine verte.

10 — Petite boîte rectangulaire avec couvercle à coulisse, renfermant deux dés à jouer en ivoire ; travail antique, pièce rare.

11 — Quatre figurines en bas-relief, antiques, en os.

12 — Deux jolies colonnes en vert de Corse (*Verde di Corsico*) avec chapiteaux ioniques en albâtre blanc.

13 — Deux colonnes en albâtre fleuri, oriental, avec chapiteaux en bronze doré.

14 — Fût de colonne en porphyre rouge oriental, garni en bronze doré.

15 — Divinité indienne accroupie, en argent repoussé.

16 — Deux bustes, jeune homme et jeune fille, bronzes florentins provenant de boutons de portes.

17 — Mandarin accroupi, en porcelaine de Chine, disposé pour faire une écritoire.

18 — Vase à une anse (Bourdaloue) en faïence de Rouen, décoré de fleurs.

19 — Deux jolies petites peintures sur émail de Limoges, par
P. Raimond, représentant l'une Hercule et Anté,
l'autre Hercule terrassant l'hydre. Cadres en argent.

20 — Petite trousse avec couteau et fourchette du seizième
siècle, en fer gravé et doré, travail fin.

21 — Baiser de paix représentant en relief le Christ au roseau,
émail sur cuivre de Limoges, attribué à Jean Limou-
sin ; objet curieux.

22 — Joli petit reliquaire du seizième siècle, en forme de
livre, en argent doré ; il est orné intérieurement et
extérieurement de plaques de verre égloncisé, représentant des sujets saints.

23 — Plaque cintrée provenant d'une paix, en verre égloncisé,
représentant le calvaire ; cadre en ébène.

24 — Boîte à cuvette en cristal de roche cannelé et guilloché,
monture en or émaillé du temps de Louis XV.

25 — Botte rectangulaire en nacre de perle sculptée et dé-
coupée à jour sur fond de verroterie de Venise ; la
monture est en argent doré.

26 — Joli petit plateau en cristal de roche gravé, offrant au
milieu un paysage ; la monture en filigrane d'argent est enrichie de pierreries.

27 — Petite bonbonnière non montée, en cristal de roche.

28 — Plateau en argent repoussé, décoré de fleurs ; travail allemand du dix-huitième siècle.

29 — Frise à rinceaux de feuillages avec animaux et enfants en argent repoussé ; travail fin du temps de Louis XIII.

30 — Etui de nécessaire du temps de Louis XV, en argent repoussé.

31 — Grande montre ancienne : la boîte, en bronze doré, est riche d'ornementations découpées à jour.

32 — Deux jolies boîtes de montre du seizième siècle, décorées d'ornements très-fins en bronze doré.

33 — Deux instruments de mathématiques en bronze doré du seizième siècle. Compas et boussole.

34 — Tasse avec sa soucoupe en porcelaine de Saxe, ancienne et belle qualité, à décor chinois.

35 — Boîte ovale en porcelaine d'Allemagne, montée en cuivre doré.

36 — Petite coupe en pierre de lave et une jolie petite boîte en laque de Chine.

37 — Deux râpes à tabac en ivoire sculpté, ornées de bas-reliefs, sujets flamands.

38 — Bonbonnière du temps de Louis XV.

39 — Eventail chinois en ivoire sculpté et découpé à jour, et
un étui aussi en ivoire sculpté.

40 — Une boussole en ivoire et une boîte en bois clouté de
cuivre, ayant la forme d'un soulier.

41 — Jolie petite clef en fer ciselé et découpé à jour, portant
un chiffre surmonté d'une couronne de comte; travail
du temps de Louis XVI; et un pince-bougie en fer
damasquiné d'or et argent.

42 — Trois pièces en fer ciselé; étui, poinçon et contre-pla-
tine de pistolet.

43 — Deux affiquets, l'un en buis sculpté, surmonté d'une
figurine d'enfant, l'autre en faïence de Nevers.

44 — Un cachet en fer ciselé et gravé et un petit étui en
ivoire garni en argent.

45 — Jolie petite statuette en ivoire, saint Sébastien percé de
flèches; très-bon travail italien du quinzième siècle.

46 — Statuette en buis représentant un jeune garçon debout,
attribué à Broustolon.

47 — Médaillon en bois sculpté et découpé à jour, représentant d'un côté l'arbre généalogique du Christ, de
l'autre celui de la Vierge; travail des moines du
mont Liban.

48 — Médaillon en buis sculpté, représentant un buste couronné de fleurs.

49 — Deux pions d'échiquier avec bustes d'hommes ; travail allemand très-fin.

50 — Boîte ovale en cuivre gravé, ornée de rinceaux à feuillages, époque de Louis XIII.

51 — Quatre frises d'arabesques avec mascarons, en cuivre doré, époque Louis XIII.

52 — Deux chapiteaux et deux embases de colonnes en cuivre doré.

53 — Petite boîte en buis formée par un groupe de figures, représentant Hercule terrassant un lion, et un manche de couteau formé d'un groupe de deux figures en ivoire.

54 — Bague épiscopale en cuivre doré.

55 — Médaillon avec portrait en miniature de Claude de France, première femme de François Ier.

56 — Peinture sur cuivre représentant une madone dans un paysage, d'une grande finesse d'exécution.

57 — Etui en argent émaillé et un médaillon représentant une femme jetant des fleurs sur un tombeau ; époque Louis XVI.

58 — Bas-relief en pâte de verre vert, représentant une
madone.

59 — Huit petits bas-reliefs d'appliques en argent doré représentant les quatre évangélistes et des saints évêques.
Travail italien du seizième siècle.

60 — Jeu de tarots: au revers des cartes est écrit *Caffe comina*

61 — Huit petites plaques d'arabesques très-fines, ciselées et
découpées à jour, en cuivre doré.

62 — Deux plaques en ivoire, provenant l'une d'un diptyque,
l'autre d'une tablette, représentant le Christ en croix;
l'un d'eux est d'une grande finesse.

63 — Un volet de diptyque, représentant le même sujet que
le précédent; celui-ci offre des restes de coloration.
Ouvrage du treizième siècle.

64 — Deux bas-reliefs en ivoire, représentant l'un la charité,
travail français; l'autre des jeux d'enfants, travail
flamand.

65 — Deux éventails anciens, l'un en nacre de perle, l'autre
en ivoire.

66 — Jeu de tric-trac en marqueterie de bois et ivoire; il est
muni de ses pions.

67 — Sceau de la ville d'Angers, en bronze.

68 — Sept jolis petits cadres à miniatures, en cuivre doré. Ce lot sera divisé.

69 — Sept autres petits cadres en bois sculpté, pour miniatures. Ce lot sera divisé.

70 — Cinq petits cadres en bois sculpté et doré, pour miniatures.

71 — Jolie miniature sur vélin, provenant d'un manuscrit du quinzième siècle.

72 — Joli vitrail suisse à peinture coloriée, représentant un hallebardier et sa famille.

73 — Vitrail ovale, grisaille teintée, représentant le Jugement de Paris.

74 — Autre vitrail en grisaille, représantant un peintre dans son atelier.

75 — Deux armoiries en couleur.

76 — Deux autres en grisaille, un portrait de femme et la Vérité.

77 — Huit fragments de vitraux représentant divers sujets.

78 — Une boîte en laque du Japon, à fond avanturiné.

79 — Une boîte en vernis Martin, fond rouge à sujets d'animaux.

80 — Une boîte en écaille blonde piquée d'or.

81 — Un reliquaire en bois sculpté dans un cylindre en cristal de roche garni en argent.

82 — Un étui en écaille blonde étoilée d'or.

83 — Un autre en vernis Martin et burgau, monté en or.

84 — Boîte en vernis de Martin et burgau.

85 — Couteau-poignard à large lame, manche en ivoire
sculpté, représentant Judith et Holopherne.

86 — Tabernacle représentant saint François portant l'Enfant
Jésus, sculpté en ivoire, dans un cadre de bois doré.

87 — Une poignée d'épée du temps de Louis XIV en agate,
avec monture en argent ciselé et repoussé.

88 — Sous ce numéro seront vendus les objets omis au cata-
logue.

32. *32e Langin*

24.

11.

24.

4.

5.

46.

46.

240 Planches.